AF368048

LA NUIT

MERVEILLEUSE

OU

LE NEC PLUS ULTRA

DU PLAISIR.

LA NUIT

MERVEILLEUSE

OU

LE NEC PLUS ULTRA

DU PLAISIR

Avec des figures analogues.

———

PAR-TOUT, ET NULLE-PART.

———

LA NUIT
MERVEILLEUSE.

Madame d'Arbonne me prit sans m'aimer ; elle me trompa : je me fâchai ; elle me quitta. Cela était dans l'ordre. Je l'aimais alors, et pour me venger mieux, j'eus le caprice de la r'avoir, quand à mon tour, je ne l'aimai plus. J'y réussis et lui tournai la tête, c'est ce que je demandais.

Elle était amie de madame de

Terville, qui me lorgnait depuis quelque tems, et semblait avoir de grands desseins sur ma personne. Elle y mettait de la suite, se trouvait par-tout où j'étais, et me menaçait de m'aimer à la folie, sans cependant que cela prit sur sa dignité et sur son goût pour les décences ; car, comme on le verra, madame de Terville y était scrupuleusement attachée.

Un jour que j'allais attendre madame d'Arbonne dans sa loge à l'opéra, j'arrivai de si bonne heure que j'en avais honte : on n'avait

pas commencé. A peine entrais-je ,
je m'entends appeler de la loge d'à -
côté. N'était-ce pas encore la dé-
cente madame de Terville ? « Quoi
déjà , me dit-on ! quel désœuvre-
ment ! venez donc près de moi. »

J'étais loin de m'attendre à tout
ce que cette rencontre allait avoir
de romanesque et d'extraordinaire.
On va vîte avec l'imagination des
femmes ; et dans ce moment , celle
de madame de Terville fut singuliè-
rement inspirée. « Il faut , me dit-
elle , que je vous sauve du ridicule
d'une pareille solitude ; il faut ....

L'idée est excellente et puisque vous voilà, rien n'est plus simple que d'en passer ma fantaisie. Il semble qu'une main divine vous ait conduit ici ! Auriez-vous, par hazard, des projets pour ce soir ? ils seraient vains, je vous en avertis ; je vous enlève. Laissez - vous conduire. Point de questions, point de résistance ; abandonnez-vous à la providence. Appelez mes gens. Vous êtes un homme unique, délicieux ! »

Je me prosterne ; on me presse de descendre ; j'obéis : j'appèle ;

on arrive : « Allez chez monsieur ,
dit-on à un domestique ; avertissez
qu'il ne rentrera point ce soir. »
Puis on lui parle à l'oreille et on
le congédie.

Je veux hazarder quelques mots ;
l'opéra commence , on me fait taire :
on écoute , ou l'on fait semblant
d'écouter. A peine le premier acte
est-il fini , qu'on apporte un billet
à madame de Terville , en lui di-
sant que tout est prêt. Elle sourit ,
me demande la main , descend , me
fait entrer dans sa voiture , donne
ses ordres ; et je suis déjà hors de

la ville , avant d'avoir pu m'infor-
mer de ce qu'on voulait faire de
moi.

Chaque fois que je hazardais une
question , on répondait par un éclat
de rire. Si je n'avais bien su qu'elle
était femme à grandes passions , et
que , dans l'instant même, elle avait
une inclination bien reconnue , inclination dont elle ne pouvait igno-
rer que je fusse instruit , j'aurais
été tenté de me croire en bonne
fortune.

Elle était également instruite de
la situation de mon cœur ; car ma-

dame d'Arbonne était, comme je l'ai déjà dit, l'amie intime de madame de Terville. Je me défendis donc toute idée présomptueuse, et j'attendis les évènemens.

Nous relayâmes et repartîmes comme l'éclair. Cela commençait à me paraître plus sérieux ; je demandai avec plus d'instances jusqu'où me mènerait cette plaisanterie ? « Elle vous mènera dans un très-beau séjour ; mais, devinez où ? je vous le donne en mille !... Chez mon mari. Le connaissez-vous ? — Pas du tout. — Eh bien, moi, je le connais un peu ; et je crois que vous en serez content. On nous reconcilie ; il y a six mois que cela s'arrange, et il y en a un que nous nous écrivons. Il est, je pense, assez galant à moi d'aller le trouver. — Oui ; mais s'il vous plait, que ferai-je là, moi ? A quoi puis-je y être bon ? — Ce sont mes affaires ; j'ai craint l'ennui d'un tête-à-tête : vous êtes aimable, et je suis bien aise de vous avoir. — Prendre le jour d'un raccomodement pour me présenter ! cela me paraît bisarre ! — Vous me feriez croire que je suis sans conséquence , si , à vingt-cinq ans , on pouvait l'être. Ajoutez à cela l'air d'embarras qu'on apporte à une première entrevue. En vérité , je ne vois rien de plaisant , pour tous les trois , à la démarche où vous vous engagez. — Ah ! point de morale , je vous en conjure ; vous manquez l'objet de votre emploi. Il faut m'amuser , me distraire , et non me prêcher. »

Je la vis si décidée , que je pris le parti de l'être tout au moins autant qu'elle. Je me mis à rire de mon personnage. Nous devînmes très-

B

gais , et je finis par trouver qu'elle avait raison.

Nous avions changé une seconde fois de chevaux ; le flambleau mystérieux de la nuit éclairait un ciel pur d'un demi-jour très-voluptueux. Nous approchions du lieu où allait finir le tête-à-tête. On me faisait, par intervalles , admirer la beauté du paysage , le calme de la nuit , le silence touchant de la nature.

Pour admirer ensemble , comme de raison , nous nous penchions à la même portière ; le mouvement de la voiture faisait que le visage de

madame de Terville, qui était charmant, et le mien s'entre-touchaient.
Le parfum le plus suave s'exhalait
de sa bouche rosée, et pénétrait
tous mes sens. Dans un choc im-
prévu, elle me serra la main, et
moi, par le plus grand hazard du
monde, voulant la retenir entre
mes bras, je me trouvai l'une de
mes mains sur la gorge la plus
ferme et la mieux arrondie... Dans
cette attitude, je ne sais ce que
nous cherchions à voir, ce qu'il y
a de sûr, c'est que les objets com-
mençant à se brouiller furieuse-

ment à mes yeux ; j'avais , par suite du même choc , glissé rapidement ma langue entre les lèvres amincies et divines de madame de Terville ; lorsqu'on se débarrassa de moi brusquement , et qu'on se rejetta au fond du carosse. Il était tems , car les effets de ce baiser commençaient à opérer une prodigieuse révolution dans toute ma personne. « Votre projet , me dit-on , après une rêverie assez profonde , est-il de me convaincre de l'imprudence de ma démarche ? » Je fus embarrassé de la question. « Des projets !....

avec vous ? quelle duperie ! vous les verriez venir de trop loin ! mais un hazard , une surprise... cela se pardonne. » Et je me remettais , du mieux qu'il m'était possible , du trouble qu'elle venait de me faire éprouver. « Vous avez compté sur la surprise et sur le hazard , à ce qu'il me semble , me répondit-elle. »

Nous en étions là , sans presque nous appercevoir que nous entrions déjà dans l'avant-cour du château. Tout était éclairé , tout annonçait la joie , excepté la figure du maître qui était rétive à l'exprimer. Un air languissant ne montrait en lui le besoin d'une réconciliation que pour des raisons de famille. La bienséance l'amena cependant jusqu'à la portière. On me présente, il offre la main, et je suis, en rêvant à mon personnage, ravi en admiration de la souplesse, de l'agilité de corps et d'esprit, de la svelte et charmante madame de Terville, dont les attraits me trottaient dans la tête et m'enflammaient le sang.

Je parcours des salons décorés avec autant de goût que de magnificence ; car le maître de la maison rafinait sur toutes les recherches du luxe. Il s'étudiait à ranimer les ressources d'un physique éteint , par des images de volupté très-frappantes. Ne sachant que dire , je me sauvai par l'admiration.

La déesse s'empresse de faire les honneurs du temple , et d'en recevoir les complimens. « Vous ne voyez rien , me dit-elle ; il faut que je vous mène à l'appartement de monsieur. --- Eh , madame ! il y a cinq ans que je l'ai fait défaire. --- Ah ! ah ! dit-elle , en songeant à autre chose. » Je pensai éclater de rire en la voyant si bien au courant de ce qui se passait chez elle. A souper , ne voilà-t-il pas qu'elle s'avise encore d'offrir à monsieur du veau de rivière, et que monsieur lui répond : « Madame, il y a trois ans que je suis au lait? --- Ah ! ah ! répondit-elle encore. » Qu'on se peigne une conversation entre trois êtres si étonnés de se trouver ensemble !

Le souper fini , j'imaginai que nous nous coucherions de bonne heure ; mais je n'imaginais juste

que pour le mari. En rentrant dans
le salon. « Je vous sais gré , madame , dit-il , de la précaution que
vous avez eue d'amener monsieur :
vous avez jugé que j'étais de mé-
chante ressource pour la veillée , et
vous avez bien jugé ; car je me re-
tire. » Puis , se tournant de mon
côté , d'un ton ironique : « Monsieur
voudra bien me pardonner , et se
charger de faire ma paix avec madame. » Alors il nous quitta.

Nous nous regardâmes ; et , pour
se distraire des idées que cette re-
traite occasionnait , madame de

Terville me proposa de faire un tour sur la terrasse , en attendant que les gens eussent soupé. C'est où mon impatience , que je dissimulais , attendait cette très-appétissante dame, dont j'avais déjà pris un avant-goût si flatteur. La nuit était superbe ; elle laissait entrevoir les objets , et samblait ne les voiler , que pour donner plus d'essor à l'imagination. Le château , ainsi que les jardins , appuyés contre une montagne , descendait en terrasse jusque sur les rives de la Seine , qui les bornait par son cours , dont les sinuosités multipliées formaient de petites îles agrestes et pittoresques , qui variaient les tableaux , et augmentaient le charme du paysage.

Ce fut sur la plus longue de ces terrasses que nous nous promenâmes d'abord. Elle était couverte d'arbres épais. Plus nous nous promenions , plus mon cœur battait avec force. On s'était remis de l'espèce de persifflage qu'on venait d'essuyer de la part du mari ; et tout en se promenant , on me fit quelques confidences. Les confidences s'attirent ; j'en faisais à mon tour :

elles devenaient toujours plus in-
times et plus intéressantes.

Elle m'avait d'abord donné son
bras, dont j'avais admiré la rondeur, la blancheur et la fermeté ;
ensuite ce bras s'était entrelacé, je
ne sais comment, tandis que le
mien la soulevait, et l'empêchait
presque de toucher à terre. Cela
n'empêchait pas mes doigts, singu-
lièrement agiles, de froisser les
alentours de sa gorge qui fléchissait
sous le toucher, mais avec une élasticité convenable. L'attitude était
agréable, mais fatiguante à la lon-

gue ; et nons avions encore bien des choses à nous dire !

Un banc de gazon se présente ; on s'y assied sans changer d'attitude. Ce fut dans cette position , qui m'en faisait vivement desirer une autre plus intéressante , que nous commençâmes à faire l'éloge de la confiance , de son charme et de ses douceurs. « Eh , me dit-elle ! qui peut en jouir mieux que nous , avec moins d'effroi ? Je sais trop combien vous tenez au lien que je vous connais , pour avoir rien à redouter auprès de vous. » Peut-être

C

voulait-elle être contrariée ; mais , ardent comme je l'étais , je ne sais comment je n'en fis rien. Je bouillais , je brûlais de la posséder ; et cependant je me contraignis. Je suis de bonne foi : ce rafinement de ma part , m'a fait toujours , depuis , détester la mignardise et la coquetterie dans les femmes.

Nous voilà donc à nous persuader mutuellement qu'il était comme impossible que nous pussions jamais nous être autre chose que ce que nous étions alors ; et cependant je prenais mes aises , et , parcourant avec la plus aimable facilité les trésors d'une des plus belles gorges que j'aie jamais eues à ma disposition, je cherchais, par le mouvement léger que je donnais à deux boutons de roses qui repoussaient agréablement le bout de mes doigts, à appeler le desir dans ce cœur, qui battait dessous avec une incroyable vîtesse.

« J'appréhendais, lui dis - je, que la surprise de tantôt n'eût effrayé votre esprit. — Oh ! je ne m'allarme pas si aisément. — Je crains cependant qu'elle ne vous ait

laissé quelques nuages. (Et cependant mes doigts, comme sur le clavier de l'amour, ne cessaient de voltiger sur cette gorge divine.) »
Que faut-il donc, lui repartis - je, pour vous rassurer ? — Vous le pouvez. — Eh ! comment ?.... vous ne devinez pas. — Mais.... je souhaite d'être éclaircie. — J'ai besoin d'être sûr que vous me pardonniez. — Pour cela, que faut - il ? — M'accorder franchement, à l'heure même, ce baiser surpris tantôt par le hazard, et qui a paru vous effaroucher. — Que ne parliez - vous ?

je le veux bien : vous seríez **trop** fier, si je le refusais; votre amour-propre vous ferait croire que je vous crains. On voulut prévenir **mes** illusions, et j'eus le baiser, **mais** dans toute sa plénitude.

Dieux! que devins-je, quand je sentis cette jolie langue, comme dardée par l'amour lui-même, en-tr'ouvrir doucement mes lèvres ar-dentes, s'insinuer' comme un trait de feu, et chercher la mienne pour s'y joindre et la carresser! Non, ja-mais je ne peindrai l'état dans le-quelle cette langue amoureuse et furtive mit tous mes sens. Je me crus transporté au séjour des dieux, ou dans les jardins d'Amathonte, respirant la volupté sur la bouche de la plus enivrante des déesses.

Il en est des baisers comme des confidences ; ils s'attirent, ils s'accélèrent, ils s'échauffent les uns par les autres. En effet, le premier ne me fut pas plutôt donné, qu'un second plus tendre le suivit ; puis un autre plus tendre encore : ils se pressaient, ils entrecoupaient la conversation, ils la remplaçaient ; à peine enfin laissaient-ils aux soupirs le liberté de s'échapper. Les miens s'exhalaient en abondance , par l'effet très - naturel que produisait sur mes sens le tact de cette gorge voluptueuse que j'ai déjà tenté d'esquisser , et sur laquelle mes baisers , aussi successifs que brûlans , s'imprimaient avec des transports dont l'expression est au-dessus de toutes les forces de la peinture et de la poésie.

Le silence vint , on l'entendit ; (car on entend quelquefois le silence) : il effraya. Nous nous levâmes sans mot dire , et recommençâ-

mes à marcher : elle, fort troublée ,
fort agitée ; moi, non moins ému ,
mais cherchant, comme Neptune, à
enchaîner les flots tumultueux et
prêts à se déborder d'un sang trop
fouetté par les baisers que je venais
de donner et de recevoir. « Il faut
rentrer, dit-elle; l'air du soir ne
nous vaut rien. — Je le crois moins
dangereux pour vous , lui répondis-
je , en cherchant, comme l'on dit ,
à battre le chien devant le loup ,
pour la voir venir. — Oui , je suis
moins susceptible qu'un autre ; mais
n'importe , rentrons. — C'est par

égard pour moi , sans doute....

vous. ... vous voulez me défendre

contre le danger des impressions

d'une telle promenade et des suites

fatales qu'elle pourrait avoir pour

moi seul ? — C'est donner beaucoup

de délicatesse à mes motifs ! Je le

veux bien comme cela.... Mais ren-

trons, je l'exige. » (Propos gauches

qu'il faut passer à deux êtres qui

s'efforcent de prononcer, tant bien

que mal, toute autre chose que ce

qu'ils ont à dire). Elle me força de

reprendre le chemin du château.

Je ne sais , je ne savais du moins,

si ce parti était une violence qu'elle se faisait, si c'était une résolution bien décidée, aux termes où nous en étions elle et moi, où si elle partageait le chagrin que j'avais de voir terminer ainsi une scène aussi agréablement commencée ; mais par un mutuel instinct, nos pas se rallentirent, et nous cheminions assez tristement, mécontens l'un de l'autre et de nous-mêmes. Nous ne savions ni à qui, ni à quoi nous en prendre. Nous n'étions, ni l'un ni l'autre, en droit de rien exiger, de rien demander : nous n'avions même

pas seulement la ressource d'un reproche ; de sorte que tous nos sen-
timens restaient renfermés et con-
traints au fond de nos cœurs. Qu'une
querelle m'aurait soulagé ! mais où
la prendre ? Cependant nous approchions ; occupés en silence de nous
soustraire aux conditions tacites
que nous nous étions si maladroite-
ment imposées. Tout ce que je sais ,
c'est que je ne concevais pas moi-
même , au milieu de tout mon beau
systême de coquetterie masculine ,
comment , après ce qui venait d'a-
voir lieu , je pouvais être si retenu.

Nous étions à la porte fatale, lorsqu'enfin madame de Terville parla. « Je ne suis guère contente de vous.... Après la confiance que je vous ai montrée, il est mal à vous de ne m'en accorder aucune. Voyez si depuis que nous sommes ensemble, vous m'avez dit un seul mot de madame d'Arbonne ! Il est pourtant si doux de parler de ce qu'on aime ! et vous ne pouvez douter que je ne vous eusse écouté avec intérêt. C'était bien le moins que j'eusse pour vous cette complaisance, après avoir risqué de vous priver d'elle.

— N'ai-je

— N'ai-je pas le même reproche à vous faire ? et vous - même n'auriez-vous point paré à bien des choses , si au lieu de me rendre confident d'une réconcilation avec un mari , vous m'aviez parlé d'un choix plus convenable ! Verseuil.... — Un instant, s'il vous plait : songez qu'un soupçon seul nous blesse. Pour peu que vous connaissiez les femmes , vous devez savoir qu'il faut les attendre sur les confidences.... Revenons : où en êtes-vous avec madame d'Arbonne ? Vous rend-t-on bien heureux ? Ah ! je crains le contraire ;

D

cela m'afflige , car je m'intéresse si tendrement à vous! Oui , monsieur, je m'y intéresse.... plus que vous ne pensez peut-être ! — Eh ! pourquoi donc , madame , vouloir croire avec le public ce qu'il s'amuse à grossir, à circonstancier : l'intimité de madame d'Arbonne avec moi ? —Epargnez-vous la feinte ; je sais sur votre compte tout ce qu'on peut savoir. Madame d'Arbonne est moins mystérieuse que vous. Les femmes de son genre sont prodigues des secrets de leurs adorateurs , sur-tout lorsqu'une tournure discrète , comme

la vôtre, pourrait leur dérober **leur**
triomphe. Je suis loin de l'accuser
de coquetterie ; mais une prude **n'a**
pas moins de vanité qu'une coquette.
Parlez - moi franchement : n'êtes-
vous pas souvent la victime de ce
genre de caractère? parlez, parlez.
— Mais, madame, vous vouliez
rentrer... et l'air....— Il a changé. »

Elle avait repris mon bras , et
nous recommencions à marcher ,
sans que je m'apperçusse de la route
que nous prenions. Ce qu'elle venait de me dire de l'amant que je
lui connaissais , ce qu'elle me disait

de la maîtresse qu'elle me savait; ce voyage où il m'arrivait de si doux préludes d'aventures, la scène du carrosse, celle du banc de gazon, la situation, l'heure, tout cela me troublait : indépendamment des autres bouleversemens qui venaient de se passer en moi, j'étais tour-à-tour emporté par l'amour-propre ou les desirs, et ramené par la réflexion ; mais j'étais trop ému pour me faire un plan, et prendre de certaines résolutions.

Tandis que j'étais en proie à des mouvemens si contraires, elle avait

toujours continué de parler, et toujours de madame d'Arbonne ; et mon
silence avait paru confirmer tout ce
qu'il lui plaisait d'en dire. Quelques traits qui lui échappèrent me
firent pourtant revenir à moi ; c'est-
à-dire , à elle.

« Comme elle est fine , disait-
elle ! Qu'elle a de graces ! Une per-
fidie , entre ses mains , prend l'air
d'une gaîté ; une infidélité paraît
un effort de raison , un sacrifice à
la décence. Point d'abandon : toujours aimable , rarement tendre , et
jamais vraie ; galante par caractère,

prude par systême : vive , prudente, adroite , étourdie , sensible , savante , coquette et philosophe ; c'est un Prothée pour les formes , c'est une Grace pour les manières ; elle attire , elle échappe. Combien je lui ai vu faire de personnages ! Entre nous , que de dupes l'environnent ! Comme elle s'est moquée de Dormeuil !.. que de tours elle a joué à Belmont ! lorsqu'elle vous prit , c'était pour distraire deux rivaux trop imprudens , et qui étaient sur le point de faire un éclat ; elle les avait trop ménagés , ils avaient eu

le tems de l'observer; ils auraient
fini par la connaître; mais elle vous
mit en scène, les occupa de vos
soins, les amena à des recherches
nouvelles, vous désespéra, vous
plaignit, vous consola, et vous fû-
tes contens tous quatre. Ah! qu'une
femme adroite a d'empire sur vous!
Et qu'elle est heureuse, lorsqu'à
ce jeu là elle affecte tout, et n'y
met jamais du sien! madame de
Terville accompagna cette dernière
phrase d'un soupir très-intelligent,
et fait pour être décisif. C'était le
coup de maître!

Je sentis qu'on venait de m'ôter un bandeau de dessus les yeux , et ne vis point celui qu'on y mettait. Les desirs qui me consumaient d'autant plus fortement , que je les avais comprimés avec assez de soin, achevaient encore de mettre la dernière main à son ouvrage. Je fus frappé de la vérité du portrait ; madame d'Arbonne me parut la plus fausse de toutes les femmes , et je crus tenir l'être sensible. Je soupirai aussi, sans savoir à qui s'adressait ce soupir , sans démêler si le regret ou l'espoir l'avait causé. On parut fâchée de m'avoir affligé, et de s'être laissée emporter trop loin, dans une peinture qui pouvait paraître suspecte, étant faite par une femme.

Je ne concevais rien à tout ce que j'entendais. Nous enfilions la grande route du sentiment, et la reprenions de si haut, qu'il était impossible d'entrevoir le terme du voyage. Après beaucoup d'écarts, presque tous méthodique, on me fit appercevoir, au bout d'une terrasse, un pavillon qui avait été témoin des plus doux momens ! On me détaillait sa situation, son ameublement. Quel dommage de n'en avoir pas la clef ! Tout en causant, nous approchions. Il se trouva ouvert, il ne lui manquait plus que la clarté du jour ; mais l'obscurité pouvait aussi lui prêter des charmes. D'ailleurs je savais combien était céleste l'objet qui devait l'embellir.

Nous frémîmes en entrant : c'était un sanctuaire, et c'était celui de l'amour. Il s'empara de nous, nos genoux fléchirent, il ne nous resta de forces, que celle que donne ce dieu. Nos bras défaillans s'en-

lacent mutuellement, et nous allons tomber, sans le moindre projet, sur un canapé qui occupait une partie du temple. La lune se couchait, et le dernier de ses rayons emporta bientôt le voile d'une pudeur, qui, je crois, devenait importune. Tout se confondait dans les ténèbres : mes mains, plus impatientes que jamais, erraient tantôt sur deux pommes charmantes, dont le poli et la fermeté le disputaient au marbre, tantôt sur des cuisses d'albâtre dont la douceur et l'embonpoint charmaient le tact, tantôt sur le centre de tous les plaisirs, dont un rétif nombreux et touffu ne semblait défendre l'entrée, que pour la rendre encore plus piquante et plus desirable à l'amant transporté, tantôt enfin sur des fesses, dont l'élasticité, la rondeur et le moël- leux n'avaient d'égal que la sou- plesse et les heureuses formes que donne la volupté. Je touchais tout, je pillais tout, je voulais tout dévo- rer ; ma langue impatiente.... Mais une main me repoussait, ou plutôt voulait me repousser. Alors elle sen- tait battre mon cœur : on voulait me fuir ; on retombait plus attendrie. Un doigt aussi actif qu'intelligent, glissé à propos dans le pourpris des voluptés, la rend plus favorable encore à mes desirs : ses cuisses chatouilleuses, et plus agitées, s'entr'ouvent ; un frémissement enchanteur fait palpiter toutes les parties de son être : je saisis l'instant, je pénètre hardiment jusqu'au fond du sanctuaire des amours : un cri doux et étouffé m'avertit qu'elle est heureuse ; ses soupirs prolongés m'annoncent qu'elle l'est long-tems ; le mouvement précipité de ses reins

E

dont mes doigts habiles provoquent
l'agilité, ne fait que me confirmer
ce que ses gestes et sa voix m'ont
assez indiqué : je redouble d'ardeur
et d'audace : un Ah, Fri-pon ! pro-
noncé en deux tems, mais de cette
voix mourante du plaisir qui renaît,
double mes forces, mes desirs et
mon courage ; nos langues s'unis-
sent, se croisent, se collent l'une
à l'autre ; nous nous suçons mu-
tüellement ; nos ames se confon-
dent, se multiplient à chacun de
nos baisers ; nous tombons enfin
dans ce délicieux anéantissement

auquel on ne peut rien comparer que lui-même.

O ! que la douce rage d'amour de madame de Terville était voluptueuse et charmante ! Qu'elle s'entendait bien à varier toutes les nuances, à couper les phrases, à prolonger l'extase ! Comme avec elle, une vive et rapide secousse, soutenue d'un mouvement onduleux, et je dirai presque divin, vous ramènerait délicieusement au point dont elle ne voulait pas que vous vous éloigniez ! Comme, sous ses jolies mains, vous renaissiez heureux et brillant ! Comme elle en profitait habilement ! elle était sous moi , se repliant comme une anguille , qui serait entortillée autour du plaisir , pour le fixer dans sa course. O quelle femme ! et quels détails charmans ! et sur - tout, quelle jouissance adorable !

Quand l'ivresse de nos sens nous eût rendus à nous-mêmes , nous ne pouvions retrouver l'usage de la voix , et nous nous entretenions dans le silence par le langage de la pensée ; en supposant qu'elle nous restât. Elle se réfugiait dans mes

bras ; tantôt cachant sa tête dans mon sein , tantôt me découvrant tout-à-fait , pour imprimer sur ma poitrine mille baisers de feu. Son extrême passion ne dédaignait pas de les faire partager à l'instrument de nos plaisirs , que ses aimables morsures et ses vives caresses ne manquaient pas de ranimer ; elle soupirait et se calmait à mes approches; elle s'affligeait, se consolait, et demandait de la volupté pour tout ce que la volupté venait de lui ravir.

Cette volupté qui l'effrayait dans un autre tems , la rassurait dans celui - ci. Si, d'un côté, on veut donner ce qu'on a laissé prendre, on veut, de l'autre, recevoir ce qu'on a dérobé ; et de part et d'autre on se hâte d'obtenir une seconde victoire, pour s'assurer de sa conquête. Telle est la marche de l'amour.

Tout ceci avait été un peu brusqué : nous sentîmes notre faute ; nous reprîmes ce qui nous était échappé, avec plus de détails. Trop ardent, on est moins délicat : on court à la jouissance, en confondant tous les délices qui la précè-

dent. Par-tout la volupté marque
sa trace, et bientôt l'idole ressem-
ble à la victime.

Plus calmes, l'air nous parut plus
pur, plus frais. Nous n'avions pas
entendu que la rivière, qui bai-
gnait les murs du pavillon, rompait
le silence de la nuit par un murmure
doux, qui semblait d'accord avec
la tendre palpitation que causaient
à nos cœurs les plaisirs que nous
venions de goûter. L'obscurité était
trop grande pour laisser distinguer
aucun objet ; mais à travers le
crêpe transparent d'une belle nuit

d'été , notre imagination faisait ,
d'une île qui était devant notre pavillon , un lieu enchanté. La rivière
nous paraissait couverte d'amours
qui se jouaient dans les flots avec
d'aimables néréïdes. Ma folle imagination , montée par les récentes
titillations des charmes que je venais de presser, me représentait
ces nymphes , les unes mollement
renversées , soulevant entre leurs
bras ces fripons ailés , et pompant ,
d'une bouche altérée de plaisirs ,
tous les feux dont elles voulaient
être consumées , tandis que de jeu-

nes et vigoureux tritons, excités par des charmes que la surface du fleuve rendaient encore plus voluptueux , confondaient leur être avec celui des nayades éperdues : les autres , poursuivies jusqu'au fond des eaux, caressées, baisées sur toutes les parties de leurs corps souple et dégagé , faisaient bouillonner les ondes des amples libations qu'elles épanchaient en l'honneur du dieu des plaisirs. Pour la rive de ce fleuve enchanté , jamais les forêts de Gnide ne furent si peuplées d'amans. Il n'y avait pour nous dans la nature

que des couples heureux , et il n'y
en avait pas de plus heureux que
nous ! Nous aurions défié Psyché et
l'Amour : j'étais aussi jeune que lui ;
elle me paraissait aussi charmante
qu'elle. Plus abandonnée , elle me
sembla plus adorable encore. Chaque moment me livrait une beauté.
Le flambeau de l'amour me l'éclairait pour les yeux de l'ame , et le
plus sûr des sens confirmaient mon
bonheur ; sa gorge , renversée et
éparse , pour ainsi dire , par une
des plus voluptueuses attitudes que
ce dieu ait inventées , ses cuisses

admirablement écartées, et toutes frémissantes de la volupté qui les agitait, ce rétif noir et touffu, qui ne repoussait le toucher que pour appeler ses excursions, sa conque anchanteresse et délicieusement humide des pleurs de l'amour heureux, le tendre et rapide mouvement de ses reins que la main du plaisir semblait soulever ; ses bras, tantôt jetté sur le canapé, tantôt suspendus et tantôt roidis et entrelacés autour de mes flancs, ses secousses ravissantes dont l'amour seul sait à propos diriger et marquer les

tems , cette bouche tapissée de roses
d'où s'exhalaient des soupirs parfu-
més , cette langue active qui me
communiquait incessamment le nectar des dieux , telles étaient les ar-
mes avec lesquelles madame de Terville me provoquait à de nouveaux
combats. Aussi heureux qu'Adonis ,
je répondais à ses carresses avec toute
la vigueur d'Alcide. Elle mourait
pour renaître , et renaissait pour
mourir ; et dans les intervalles du
bonheur mutuel , l'adresse et l'agilité d'un droit régénérateur sup-
pléant à la force de l'amant d'Om-

phale, faisaient encore celui de madame de Terville. C'est ainsi, quand la crainte est bannie, que les caresses cherchent les caresses, qu'elles s'appèlent plus tendrement, qu'on ne veut plus qu'une faveur soit ravie. Alors, si l'on diffère, c'est rafinement : le refus est timide, et n'est plus qu'un tendre soin. On desire, on ne voudrait pas ; c'est l'hommage qui plait... le desir flatte.. l'ame en est exaltée... on adore... on ne cédera plus... on a cédé pour je ne sais plus quelle fois. Et voilà toutes les femmes à qui leur âge

F

permet de ressembler à madame de Terville !

« Ah ! me dit - elle avec un son de voix angélique, comme les plaisirs qu'elle venait de me faire goûter , sortons de ce séjour ; il est trop dangereux : sans cesse les desirs s'y reproduisent, et l'on est sans force pour leur résister. » Elle m'entraîne.

Nous nous éloignons à regret. Elle tournait souvent la tête ; une flamme divine semblait briller sur le parvis. — Tu l'as consacré pour moi, me disait - elle. Qui saurait jamais y plaire comme toi? Comme tu sais aimer! Qu'elle est heureuse! — Qui donc, m'écriai - je avec étonnement? Ah! si je dispense le bonheur, à quel être dans la nature, pouvez-vous porter envie?

Nous passâmes devant le banc de gazon, et nous nous arrêtâmes involontairement, et avec une de ces émotions muettes qui signifient beaucoup. — « Quelle espace immense, me dit-elle alors, entre celui-ci est le pavillon que nous venons de quitter! mon ame est si pleine de mon bonheur, qu'à peine puis-je me rappeler que j'ai pu vous résister un moment.

Je ne sentis point d'abord tout ce que ces mots renfermaient d'obligeant, et à quoi leur sens m'engageait. — « Eh bien, lui dis-je, verrai-je se dissiper ici tout le charme dont mon imagination s'est remplie là-bas ? Ce lieu me serait-il toujours à demi-propice ? — En est-il qui puisse te l'être encore à demi, quand je suis avec toi ? — Oui, sans doute, puisque je suis aussi peu avancé dans celui-ci, que je viens d'être heureux dans l'autre,

L'amour vrai veut des gages multipliés ; il croit n'avoir rien obtenu ,
tant qu'il lui reste quelque chose
à obtenir. — Encore.... non , je
ne puis permettre.... non , jamais...
Et elle me faisait ces défenses - là
d'un ton à n'être point obéi : ce
que j'interprêtais en perfection.

Elle ne le fut point , et je dois
le dire en l'honneur de la vérité ,
de ses charmes et de la puissance
que je me sentais auprès d'elle : une
nouvelle attitude que, sans doute ,
le génie de la volupté inspira à l'a-
mour , mit le comble aux délices

de notre promenade. Troussée à souhait, jusqu'au - dessus des hanches, madame de Terville s'était assise sur moi : le contact immédiat de ses formes rondes et potelées secondait merveilleusement l'action énergique de l'instrument de nos plaisirs. Celui-ci, tapis soudain dans le centre des voluptés, s'y trouvait, pour ainsi dire, arrêté, fixé, accroché par l'union de son poil avec le mien. Une humidité charmante, causée par l'incroyable activité des desirs de cette aimable femme, ajoutait encore à la vivacité de mes

transports ; une de mes mains pas-
sées le long de sa cuisse, agitait doucement le bas du promontoire qui
couronnait le sanctuaire de l'amour,
dans lequel j'étais , comme à poste
fixe , tandis que l'autre main , er-
rante sur deux tetons placés à égale
distance , en chatouillait alternati-
vement les deux effrontés boutons.
La douce fraîcheur du zéphir , auquel , à des intervalles marqués ,
le mouvement bien ménagé de ses
formes élastiques donnait passage
entr'elles et le haut de mes cuisses ,
nourrisait admirablement le feu de

cette imperturbable forge. Une langue, (le dard de l'amour) qui se
glissait le long de mes joues, entre
mes lèvres impatientes de la sucer,
me lançait le nectar et l'ambroisie.
Bref, cette langue si suave et si
douce, cette gorge si ferme et si
ronde, ces reins si agiles, cette
croupe merveilleuse, ces cuisses si
mobiles, si polies, ce poil noir
comme du jais, et mutin comme un
ressort, ce réduit secret de tous les
plaisirs, humecté de toutes les lar-
mes de l'amour fortuné, et au par-
dessus, l'être incompréhensible qui

donnait à tout cela le mouvement et la vie, tout, dans ce délicieux moment, concourait à me rendre cette posture la plus voluptueuse- ment piquante de toutes celles que j'aie jamais essayées.

Le lecteur est prié de se ressou- venir que j'ai à peine vingt - cinq ans, et que les faits de cet âge n'en- gagent personne. Cependant la con- versation que nous avions inter- rompue par la scène qui venait de se passer, changea, comme il est facile de se le persuader, d'objet ; elle devint infiniment moins sérieuse. On osa même plaisanter sur les plaisirs de l'amour , l'analyser, en séparer le moral , le réduire au simple , et prouver que les faveurs n'étaient que du plaisir ; qu'il n'y avait d'engagemens réels (philosophiquement parlant) que ceux que l'on contractait avec le public , en le laissant pénétrer dans nos secrets, et en commettant avec lui quelques indiscrétions. « Quelle douce nuit, dit-elle , nous venons de passer par l'attrait seul de ce plaisir , notre guide et notre excuse ! si des raisons , je le suppose , nous for-

çaient à nous séparer demain , notre bonheur , ignoré de toute la nature , ne nous laisserait , par exem-
ple , aucun lien à dénouer : quelques regrets , dont un souvenir
agréable serait le dédommagement.«
et puis , au fait, du plaisir sans
toutes les lenteurs , le tracas et la
tyrannie des procédés d'usage. »

Nous sommes tellement machi-
nes (et j'en rougis) qu'au lieu de
toute la délicatesse qui me tour-
mentait avant les énivrantes scènes
qui venaient d'avoir lieu , j'entrais
au moins pour moitié dans la har-

tiesse de ces principes : je les trou-
vais sublimes ; et je me sentais déjà
une disposition très-prochaine à l'a-
mour de la liberté.

« La belle nuit , me dissit-elle !
les beaux lieux ! Il y a huit ans que
je les avais quittés ; mais ils n'ont
rien perdu de leurs charmes ; ils
viennent de reprendre pour moi,
tous ceux de la nouveauté. Nous
n'oublierons jamais ce cabinet ,
n'est-il pas vrai ? le château en re-
cèle encore un plus charmant; mais
on ne peut rien vous montrer : vous
êtes comme un enfant qui veut toujours

cher à tout ce qu'il voit , et qui
brise tout ce qu'il touche. » Un
mouvement de curiosité , qui me
surprit moi-même , me fit promettre
de n'être que ce qu'on voudrait. Je
protestai que j'étais devenu bien
raisonnable. On changea de propos.

Madame de Terville aimait mieux
les raisons que la raison. « Cette
nuit , me dit-elle , me paraîtrait
complettement agréable , si je ne
me faisais un reproche. Je suis fâchée , vraiment fâchée , de ce que
je vous ai dit de madame d'Arbonne.
Ce n'est pas que je veuille me plain-

dre de vous , vous vous êtes conduit aussi décemment qu'il soit possible. La nouveauté pique ; vous m'avez trouvée aimable , et j'aime à croire que vous étiez de bonne foi ; mais l'empire de l'habitude est si long à détruire , que je sens , moi-même , que je n'ai pas ce qu'il faut pour en venir à bout : j'ai , d'ailleurs , épuisé tout ce que le cœur a de ressources pour enchaîner. Que pourriez-vous espérer maintenant près de moi ? Que pourriez-vous désirer? et que devient-on avec une femme , sans le desir et l'espérance ? Je vous ai tout prodigué : à peine peut-être me pardonnerez-vous un jour des plaisirs qui, après le moment de l'ivresse, vous abandonnent à la vérité des réflexions ? A propos, dites-moi donc ! comment avez-vous trouvé mon mari ? Assez maussade, n'est-il pas vrai ? Le régime n'est point aimable ; je ne crois pas qu'il vous ait vu de sang-froid : notre amitié lui deviendrait suspecte. Il faudra ne pas prolonger ce premier voyage ; il prendrait de l'humeur. Dès qu'il viendra du monde (et sans doute il en viendra)... D'ailleurs,

G 2

vous avez aussi vos ménagemens à garder.... Vous vous souvenez de l'air de monsieur, hier en nous quittant ! » Elle vit l'impression que me faisaient ces dernières paroles, et ajouta tout de suite : « Il était plus gai, lorsqu'il fit arranger avec tant de recherches, le cabinet dont je vous parlais tout-à-l'heure (c'était avant mon mariage) : il tient à mon appartement ; il n'a jamais été pour moi qu'un témoignage des ressources artificielles dont monsieur de Terville avait besoin de fortifier son sentiment, et du peu de ressort que je donnais à son ame. »

Ainsi, par intervalle, elle excitait ma curiosité sur ce cabinet. « Il tient à votre appartement, lui dis-je : quel plaisir d'y venger vos attraits offensés, de leur restituer les vols que la nullité d'un mari leur a faits ! » On trouva ceci d'un meilleur ton. » Ah ! lui dis-je, si j'étais choisi pour être le héros de cette vengeance ; si le goût du moment pouvait faire oublier et réparer les langueurs de l'habitude.... » Elle saisit avec une intelligence

très-prompte ce que je voulais dire ,
et plus surprise que fâchée , elle re-
prit : « Si vous me promettiez d'être
sage.... » Il faut l'avouer , je ne
me sentais pas encore toute la fer-
veur , toute la dévotion qu'il fallait pour visiter les saints lieux ;
mais j'avais beaucoup de curiosité :
ce n'était plus madame de Terville
que je désirais , c'était le cabinet.

Nous étions rentrés. Les lampes
des escaliers et des corridors étaient
éteintes ; nous errions dans un dé-
dale. La maîtresse même du château en avait oublié les issues. En-

fin nous arrivâmes à la porte de son appartement, de cet appartement qui renfermait ce réduit si vanté.

« Qu'allez-vous , lui dis-je, faire de moi ? Que voulez-vous que je devienne ? Me renverrez - vous ainsi seul dans l'obscurité ? M'exposerez-vous à faire du bruit , à nous déceler , à nous trahir , à vous perdre ? » Cette raison lui parut sans replique. « Vous me promettez donc... — Tout... tout au monde !» On reçut mon serment avec l'espérance , bien entendu , que j'étais encore très-capable d'être parjure.

Nous ouvrîmes doucement la porte : nous trouvâmes deux femmes endormies ; l'une presque encore enfant, l'autre un peu plus âgée. Cette dernière était celle de confiance ; ce fut elle qu'on éveilla. Et qu'on me dise pourquoi, en la regardant, je ne fus pas fâché du choix qu'on fit d'elle !

On lui parla à l'oreille ; bientôt je la vis sortir par une porte secrète artistement pratiquée dans le lambris. Moi, je m'offris à remplir l'office de la femme qui dormait : on accepta mes services ; on se dé-

barassa de tout ornement superflu.
Un simple ruban retenait tous les
cheveux qui s'échappèrent en bou-
cles flottantes. On y ajouta seulement une rose que j'avais cueillie
dans le jardin, et que je tenais encore par distraction : une robe ouverte remplaça tous les autres ajus-
mens. Je l'avoue, mon imagination
dévorait encore tous les appas que
recèlait seule cette simple robe.

Il n'y avait pas un nœud à toute
cette parure : je trouvai madame
de Terville plus belle que jamais.
Un peu de fatigue avait appesanti

ses paupières, et donnait à ses regards une langueur plus intéressante, une expression plus douce : le coloris de ses lèvres, plus vif que de coutume, relevait l'émail de ses dents, et rendait son sourir plus voluptueux : des rougeurs éparses çà et là relevaient la blancheur de son teint, et en attestaient la finesse. Ces traces du plaisir m'en rappelaient la jouissance : enfin elle me parut à la lumière plus séduisante encore que mon imagination ne se l'était peinte dans nos plus doux momens. Le lambris s'ouvrit de nouveau, et la discrette confidente disparut.

Prêt d'entrer, on m'arrêta : « Souvenez-vous, me dit-on gravement, que vous serez censé n'avoir jamais vu, ni même soupçonné l'asyle où vous allez être introduit ! Point d'étourderie, je suis tranquille sur le reste. — La discrétion est ma vertu favorite ; on lui doit bien des instans de bonheur !» Je ne puis encore m'empêcher de rire, en ce moment, du ton hypocrite dont je proférai ces paroles et de l'air analogue dont je les accompagnai. Je remarquerai en passant que les femmes aiment beaucoup qu'on ait cet air là avec elles.

Tout cela ressemblait à une initiation. On me fit traverser un petit corridor obscur , en me conduisant par la main. Ce mystère et cette main faisaient palpiter mon cœur comme celui d'un jeune prosélyte que l'on éprouve avant la célébration des grands mystères. « Mais madame d'Arbonne , me dit-elle en s'arrêtant !... »

J'allais répliquer : les portes s'ou-

vrirent : l'admiration intercepta
ma réponse. Je fus étonné , ravi ,
je ne sais plus ce que je devins , et
je commençai de bonne foi à croire
à l'encnantement. La porte se re-
ferma , et je ne distinguai plus par
où j'étais entré : je ne vis plus qu'un
bosquet aërien , qui , sans issue ,
semblait ne tenir et ne porter sur
rien : enfin je me trouvai comme
dans une vaste cage entièrement
de glaces , sur lesquelles les objets étaient si artistement peints ,
qu'elles produisaient l'illusion de
tout ce qu'elles représentaient. On

H

ne voyait intérieurement aucune lumière. Une lueur douce et céleste y pénétrait, selon le besoin que chaque objet avait d'être plus ou moins apperçu. Des cassolettes exhalaient les plus agréables parfums; des chiffres et des trophées dérobaient aux yeux la flamme des lampes qui éclairaient d'une manière magique ce lieu d'enchantemens et de délices.

Le côté par où nous entrâmes, représentait des portiques en treillages ornés de fleurs, et des berceaux dans chaque enfoncement.

D'un autre côté, on voyait la statue de l'Amour distribuant des couronnes ; devant cette statue, était un autel sur lequel on voyait briller une flamme bleuâtre ; au bas de cet autel, une coupe, des couronnes et des guirlandes.

Un temple d'une architecture légère achevait d'orner ce côté : vis-à-vis était une grotte sombre ; le dieu du mystère veillait à l'entrée ; le parquet couvert d'un tapis pluché, imitait un épais gazon ; au haut du plafond, des amours suspendaient des guirlandes qui se

jouaient négligemment. Le qua-
trième côté, qui répondait aux
portiques, était un dais sous lequel
s'accumulait une quantité de car-
reaux, avec un baldaquin soutenu
par des amours.

Ce fut là qu'alla tomber avec
négligence la reine de ce lieu. Je
tombai à ses pieds ; elle se pencha
vers moi ; elle tendit les bras ; grace
à ce groupe répété dans tous ses as-
pects, je vis cette île toute peuplée
d'amans heureux.

Les desirs se reproduisent par
leur image. « Laisserez-vous, lui

dis-je, ma tête sans couronne ? Si près du trône, pourrais-je éprouver des rigueurs ? Pouriez-vous y prononcer un refus ? — Et vos sermens en entrant ici, mé répondit-elle en se levant ? — J'étais un mortel, quand je les fis ; vous m'avez fait un dieu : vous adorer ; voilà mon seul serment. — Venez, me dit-elle, l'ombre du mystère doit cacher ma faiblesse. Venez....»

En même tems elle se rapprocha de la grotte. A peine en avions-nous franchi l'entrée, que je ne sais quel ressort, adroitement ménagé, nous entraîna.　　　　H 3

Portés par le même mouvement, nous tombâmes, mollement renversé, sur un monceau de coussins. L'obscurité régnait avec le silence dans ce sanctuaire. Ma bouche fixée sur sa bouche, ma langue fendant légèrement ses lèvres de corail, un bras collé autour de sa taille, un autre, aidant ma main à découvrir des charmes qu'il me semblait que je touchais pour la première fois, un doigt agile et pénétrant qui, en servant ses desirs, allumait tout le feu des miens, ces poils nombreux et mutins, dont l'opiniâtre ressort caressait cette main empressée et furetante, le balancement, tantôt brusque et tantôt ménagé de ses jambes et de ses cuisses, les ondulations cadancées de ses fesses et de ses reins, et cette haleine de roses qui me soufflait la volupté dans tous les sens; tant de détails enchanteurs que l'imagination ne saisit pas, mais que le contact dessine jusque dans le moindre fibre, décuplaient mes desirs et mes forces. Le dard de l'amour plus enflammé, plus brûlant, avait pénétré, pour ainsi dire, jusqu'à ses reins, dont la souplesse et les mouvemens ne pouvaient se comparer qu'à l'agilité des miens. Nos langues se mêlaient, se serraient ; nos soupirs se confondaient, nos dents même s'entrechoquaient : collés étroitement l'un à l'autre , nous fermions hermétiquement l'entrée de l'asyle où s'était introduit le dieu du plaisir que nous honorions par les plus douces libations.

Enfin nos soupirs nous tinrent lieu de langage : plus tendres , plus multipliés , plus ardens , ils étaient les interprètes de nos sensations ;

ils en marquaient les degrés , et le dernier de tous , long-tems suspendu , nous avertit que nous devions rendre graces à l'amour.

Nous sortîmes de la grotte pour aller lui porter notre hommage. La scène avait changé ; au lieu du temple et de la statue de l'amour , c'était celle du dieu des jardins.

Le même ressort qui nous avait fait entrer dans la grotte , avait produit ce changement , en retournant la figure , et en renversant l'autel de l'amour.

Nous avions aussi quelques graces à rendre à ce nouveau dieu. Nous marchâmes à son temple , et il put lire dans mes yeux que j'étais digne encore de me le rendre propice. La déesse prit une couronne de roses qu'elle me posa sur la tête , et me présenta une coupe où je bus à pleins flots le nectar des dieux.

« Eh bien , me dit , après quelques momens , la fée de ce séjour , en soulevant à peine ses beaux yeux humides de volupté , et laissant entr'ouverts à mes regards tous les trésors de sa gorge encore palpitante et diaprée du feu de mes baisers , aimerez-vous jamais madame d'Arbonne autant que moi? — J'avais oublié, lui répondis-je, que je dusse jamais retourner sur la terre.» Elle sourit, fit un signe, et tout disparut. « Sortez bien vîte, me dit en entrant l'experte confidente que j'avais remarquée; il fait grand jour; on entend déjà du bruit dans le château.

Quel homme, ou plutôt quel démon étais-je donc? Grands dieux !.. Ou bien le nectar que je venais de boire à longs traits avait-il doublé mes puissances ? Cette femme, ou plutôt cette fille, était une brune piquante , très-fraîche , que mon regard , comme on l'a vu , n'avait pas négligée. Madame de Terville venait de disparaître : je trouvai plaisant de faire participer la jolie soubrette aux mystères que je venais de célébrer avec sa maîtresse. Une main rapide portée à sa gorge , qui était très-ferme , la mit sur le champ au fait de mon petit projet. Un mouton charmant n'est pas plus doux. Mademoiselle Rosalie (c'était le nom de ce joli ange) tombe aussi-tôt sur une espèce de lit de repos qui se trouvait là ; puis m'attirant à elle , en pompant tous les baisers que lui prodiguait ma bouche , elle introduit avec intelligence dans la mienne une langue mince et non moins frétillante que celle de sa belle maîtresse. Cependant une autre main parcourait onduleusement toutes les parties charnues et élastiques de ce corps charmant, qui n'avait d'égal en souplesse comme en beauté , que celui de madame de Terville. Leur frémissement spontané , sur-tout quand je fus parvenu à la source des plaisirs, et que j'en agitai légèrement les pa-

I

rois , m'avertit qu'il était tems d'ouvrir la tranchée. Alors, faisant voler
les jupes de mademoiselle Rosalie
par-dessus sa tête , mes yeux en-
chantés , éblouis , se repaissent avec
avidité de l'aspect des appas les
mieux façonnés qu'ait jamais tou-
chés la main d'un connaisseur. Fi-
gurez-vous deux colonnes du plus
bel albâtre et du poli le plus exquis,
surmontées de nombreux festons du
plus beau jais , découpés admira-
ment autour du portail du temple
de l'amour , et s'allant perdre in-
sensiblement (quittons ici la figure)

dans l'entre-deux d'un derrière de soubrette (c'est tout dire), ferme, potelé, blanc et dur comme du marbre : voyez ensuite un doigt agile et doux comme le zéphir , quand il vient caresser les fleurs , frotter mollement l'aimable avant-scène du théâtre des plaisirs : puis voyez-moi ensuite saisissant tout-à-coup d'un bras nerveux ma douce victime , retournant la médaille , et campant la donzelle sur ses genoux ployés , enfiler joyeusement à travers les secousses les plus vives et les mieux entendues , la route de l'asyle secret

du mystère. Quelle volupté de fla-
ter de la main ces reins souples et
cambrés , cette croupe arrondie et
divine , ces fesses émues et palpi-
tantes que l'amour a sans doute pé-
tries pour son usage ; de sentir leur
doux frottement autour de ma da-
gue animée et brûlante , de provo-
quer cependant , d'un doigt rapide
et doux , ces amples libations dont
cette adorable et intelligente de-
moiselle inondait ses cuisses , les
miennes , le meuble et mon dard
qu'une de ses mains cherchait à
contenir avec soin dans le carquois

de l'amour, tandis que de l'autre, elle chatouillait avec une douceur, une adresse et une expression au-dessus de tout éloge, ces deux globes toujours charmés de n'être point oubliés par la main du plaisir, auquel ils servent de témoins !.... Quelle scène enivrante et délicieuse! Comme le jeu souple et délié de son admirable charnière marquait convenablement la pétulance de ses desirs et de ses heureuses sensations ! Qu'il est doux, qu'il est enchanteur, pour une ame ardente et voluptueuse, de souffler ainsi la vie et le

plaisir dans des organes aussi par-
faits ! J'avais deviné tout cela au
premier coup-d'œil que j'avais jetté
sur cette intéressante fille ; et le
souvenir des indicibles voluptés
dont elle m'enivra , me sera toujours aussi cher que celles-ci furent
vives , promptes et rapides. Je me
le répèterai souvent : jamais cette
incroyable suivante n'aura d'égal
que son inconcevable maîtresse.

Il fallut cependant finir cette
scène qui se passait à la muette ; il
fallut quitter Rosalie et l'appartement ; car son extravagance et la

mienne pouvaient durement la compromettre. Dès-lors tout m'échappe avec la même rapidité qui détruit un songe , et je me trouvai dans le corridor , avant d'avoir pu reprendre mes sens.

Je voulais regagner ma chambre , mais où l'aller prendre ? Toute information me dénonçait ; toute méprise était une indiscrétion. Le parti le plus prudent me parut de descendre dans le jardin , où je résolus de rester jusqu'à ce que je pusse rentrer avec vraisemblance d'une promenade du matin.

La fraîcheur et l'air pur de ce moment calmèrent par degrès mon imagination, et en chassèrent le merveilleux. Au lieu d'une nature enchantée, je ne vis qu'une nature naïve; je sentais la vérité rentrer dans mon ame, mes pensées naître sans trouble et se suivre avec ordre: je respirais. Je n'eus rien de plus pressé alors que de me demander si j'étais l'amant de celles que je venais de quitter; et je fus bien surpris de ne savoir que me répondre.

« Qui m'eut dit hier à l'Opéra que je pourrais aujourd'hui me faire cette question ? Moi, qui croyais savoir que madame de Terville aimait éperduement, et depuis deux ans, Valsain ! Moi, qui me croyais tellement épris de madame d'Arbonne, qu'il devait m'être impossible de lui devenir infidèle ! Quoi ! Hier, madame de Terville... est-il bien vrai ? Aurait-elle rompu avec Valsain ? M'a-t-elle pris pour lui succéder, ou seulement pour le punir ? Quelle aventure ! Quelle nuit ! Et cette femme-de-chambre si svelte ?... » Et je m'interrogeais pour savoir si je ne rêvais pas.

Je m'étais assis , et ne cessant de raisonner avec moi-même , je ne savais trop à quoi me fixer ; je soup-çonnais , je doutais ; puis j'étais persuadé , convaincu , et puis je ne tenais plus rien.

Tandis que je flottais dans ces incertitudes , j'entendis du bruit près de moi , je levai les yeux , me les frottai ; je ne pouvais croire.... c'était... qui ?.. Valsain ! « Tu ne m'attendais pas si matin , n'est-il pas vrai ? Eh bien , comment cela s'est-il passé ? — Tu savais donc que j'étais ici , lui demandai-je ? —

Oui vraiment! On me le fit dire hier au moment de votre départ. As-tu bien joué ton personnage ? Le mari a-t-il trouvé ton arrivée bien ridicule ? Quand te renvoie-t-on ? J'ai pourvu à tout, je t'amène une bonne chaise qui sera à tes ordres. C'est à charge d'autant. Il fallait un écuyer à madame de Terville , tu lui en as servi , tu l'as amusée sur la route ; c'est tout ce qu'elle voulait, et ma reconnaissance... — Oh ! non , non , je sers avec générosité ! et , dans cette occasion, madame de Terville pourrait te dire que j'y ai

mis un zèle au-dessus des pouvoirs
de ta reconnaissance ! »

Il venait de débrouiller le mystère de la veille , et de me donner
la clef du reste. Je sentis dans l'instant mon nouveau rôle. Chaque
mot était en situation , et me donnait envie de rire. Au fait , il était
difficile de ne pas trouver très-
plaisant tout ce qui s'était passé.
— « Mais pourquoi venir si-tôt ,
dis-je à Valsain ? Il me semble qu'il
eût été plus prudent... — Tout est
prévu ; c'est le hazard qui semble
me conduire ici : je suis censé de

revenir

revenir d'une campagne voisine.
Madame de Terville ne t'a donc
pas mis au fait ? Je lui veux du mal
de ce défaut de confiance. Après ce
que tu faisais pour nous !.. — Elle
avait sans doute ses raisons , et ,
peut-être , si elle eût parlé , n'au-
rai-je pas joué si bien mon personnage ? — Cela , mon cher , a donc
été bien plaisant ? Conte-moi tous
les détails... conte donc ! Ah!—Un
moment. Je ne savais pas que tout
ceci était une comédie ; et bien que
je sois pour quelque chose dans la
pièce... — Tu n'avais pas le beau

K

rôle. — Vas, vas ; rassure-toi, il n'y a point de mauvais rôles pour de bons acteurs. — J'entends, tu t'en es bien tiré ? --- Merveilleusement ! --- Et madame de Terville ? --- Sublime ! Elle a tous les genres. --- Conçois-tu qu'on ait pu fixer cette femme-là ? Cela m'a donné de la peine ; mais j'ai amené son caractère au point que c'est peut-être la femme de Paris, sur la sagesse et la fidélité de laquelle il y a le plus à compter. --- C'est bien voir les choses. ---- C'est mon talent à moi ; toute son inconstance n'était que

frivolité, dérèglement d'imagination : il fallait s'emparer de cette
ame-là. — C'est le bon parti. —
N'est-il pas vrai? Tu n'as pas d'i-
dée de la force de son attachement
pour moi : au fait, elle est charmante ! Tu seras forcé d'en convenir. Entre nous, je ne lui connais
qu'un défaut : c'est que la nature,
en lui donnant tout, lui a refusé
cette flamme divine qui met le comble à tous ses bienfaits : elle fait
tout naître, tout sentir ; et elle n'é-
prouve rien : c'est un marbre ! —
Il faut t'en croire sur ta parole, car

moi , je ne puis... Mais sais-tu que tu connais cette femme-là , comme si tu étais son mari ? mais vraiment c'est à s'y tromper ; et si je n'eusse pas soupé hier avec le véritable.....

— A propos , a-t-il été bien bon ? — Jamais l'on a été plus mari que cela. — Oh ! la bonne aventure ! Mais tu n'en ris pas assez à mon gré. Tu ne sens donc pas tout le comique de ce qui t'arrive ? Conviens que le théâtre du monde offre des choses bien étranges! Qu'il s'y passe des scènes bien divertissantes ! Rentrons : j'ai de l'impatience d'en rire avec madame de Terville. Il doit faire jour chez elle. J'ai dit que j'arriverais de bonne heure. Décemment, il faudrait commencer par le mari : viens chez toi ; je veux m'ajuster un peu. On t'a donc bien pris pour un amant ? — Tu jugeras de mes succès par la réception qu'on va me faire. Il est neuf heures, allons de ce pas chez monsieur. » Je voulais éviter mon appartement, et pour cause. Chemin faisant, le hazard m'y amena. La porte, restée ouverte, nous laissa voir mon valet-de-chambre, qui dormait dans un fauteuil : une bougie expirait près de lui. En s'éveillant au bruit, il présenta étourdiment ma robe-de-chambre à Valsain, en lui faisant quelques reproches sur l'heure à laquelle il rentrait : j'étais sur les épines ; mais Valsain était si disposé à s'abuser, qu'il ne vit rien en lui qu'un rêveur qui lui apprêtait à rire.

Je donnai des ordres pour mon départ à mon valet-de-chambre, qui ne savait ce que tout cela voulait dire ; et Valsain et moi nous passâmes chez monsieur. Vous imaginez bien qui fut accueilli , ce ne fut pas moi ; c'est dans l'ordre.

On fit à mon ami les plus grandes instances pour s'arrêter. On voulut le conduire chez madame , dans l'espérance qu'elle le déterminerait. Quant à moi , l'on n'osait , disait-on , me faire la même proposition ; car on me trouvait trop abattu pour douter que l'air du pays ne me fut pas vraiment funeste. En conséquence , on me conseilla de regagner la ville.

Valsain m'offrit sa chaise ; je l'acceptai : tout allait à merveille , et nous étions tous contens.

Je voulais cependant voir madame de Terville : c'était une jouissance que je ne pouvais me refuser. Mon impatience était partagée par mon ami qui ne concevait rien à son sommeil, et qui était bien loin d'en pénétrer la cause. Il me dit en sortant de chez monsieur de Terville : « Cela n'est-il pas admirable ? Quand on lui aurait communiqué ses répliques, aurait-il pu mieux dire ? Au vrai, c'est un fort galant homme, et, tout bien considéré, je suis très-aise de ce raccomodement ! Cela fera une bonne maison, et tu conviendras que , pour en faire les honneurs , il ne pouvait mieux choisir que sa femme. » Personne n'était plus pénétré que moi de cette vérité. « Quelque plaisant que cela soit , mon cher , *motus* ; le mystère devient plus essentiel que jamais. Je saurai faire entendre à madame de Terville que son secret ne saurait être en de meilleures mains. — Crois , mon ami , qu'elle compte sur moi ; et , tu le vois , son sommeil n'en est point troublé. — Oh ! Il faut convenir que tu n'as pas ton second pour endormir une femme.

—Et un mari , mon cher ; un amant même au besoin. » On avertit enfin qu'on pouvait entrer chez madame de Terville : nous nous y rendîmes avec empressement.

« Je vous annonce , madame , dit en entrant notre causeur , vos deux meilleurs amis. — Je tremblais, me dit madame de Terville, que vous ne fussiez parti avant mon réveil , et je vous sais gré d'avoir senti le chagrin que cela m'aurait fait. » Elle nous examinait l'un et l'autre ; mais elle fut bientôt rassurée par la sécurité de Valsain , qui continua de me plaisanter. Elle en rit avec moi autant qu'il le fallait pour me consoler, sans se dégrader à mes yeux, adressa à l'autre des propos tendres, à moi d'honnêtes et de décens; elle badina et ne plaisanta point.

« Madame, dit Valsain, il a fini son rôle comme il l'avait commencé. » Elle répondit gravement : « J'étais certaine du succès de tous ceux qu'on confierait à monsieur. » Il lui raconta ce qui venait de se passer chez son mari; elle me regarda, m'approuva, et ne rit point.

« Pour moi , dit mon bavard , qui avait juré de ne plus finir , je suis enchanté de tout ceci : c'est un ami que nous nous sommes fait , madame ; je te le répète encore , notre reconnaissance.. — Eh ! monsieur , dit madame de Terville , brisons là-dessus ; et croyez que j'ai senti tout ce que l'on dois à monsieur. »

On annonça monsieur de Terville , et nous nous trouvâmes tous en situation. Monsieur de Terville m'avait persifflé et me renvoyait : mon ami le dupait et se moquait de moi ; je le lui rendais tout en admirant madame de Terville, qui nous jouait tous, sans perdre rien de la dignité de son caractère.

Après avoir joui quelques instans de cette scène, vraiment dramatique, je sentis que celui de mon départ était arrivé. Je me retirais : madame de Terville me suivit, feignant de vouloir me donner une commission. « Adieu, monsieur, je vous dois bien des plaisirs ; mais je vous ai payé d'un beau rêve ! Dans ce moment, votre amour vous rappelle ; et celle qui en est l'objet en est digne. Si je lui ai dérobé quelques transports , je vous rends à elle , plus tendre , plus délicat et plus sensible.

« Adieu , encore une fois. Vous êtes charmant !.. Ne me brouillez pas avec madame d'Arbonne. » Elle me serra la main , et me quitta.

Je montai dans la voiture qui m'attendait ; je cherchai bien la morale de cette bizarre aventure , et... je n'en trouvai point.